Inhalt

Konsumentenkredite - Gibt es sie bald nur noch zu bonitätsabhängigen Konditionen?

Kernthesen

Beitrag

Fallbeispiele

Zahlen und Fakten

Weiterführende Literatur

Impressum

Konsumentenkredite - Gibt es sie bald nur noch zu bonitätsabhängigen Konditionen?

Autor GENIOS BranchenWissen: G.Dengl

Kernthesen

- Im Konsumentenkreditbereich gehen immer mehr Banken dazu über, ihre Kreditkonditionen von der Bonität des Kunden abhängig zu machen, d.h. Kunden mit hoher Bonität zahlen weniger, solche mit geringer Bonität zahlen mehr.
- Die Bonität wird anhand kundenspezifischer Merkmale bestimmt, dem sogenannten Scoring. Hier spielen z.B.

das Einkommen oder der Familienstand eine Rolle, daneben werden aber auch Daten der Schufa herangezogen, die Informationen über das Zahlungsverhalten von Privatpersonen speichert.
- Verbraucherschützer kritisieren, dass das Scoring-Ergebnis für Kunden meist weder transparent noch beeinflussbar ist, wobei zudem nicht klar geregelt ist, welche Kundenmerkmale überhaupt für Scoring-Funktionen verwendet werden dürfen.

Beitrag

Auch im Konsumentenkreditbereich halten Scoring-Verfahren, und damit die bonitätsabhängige Kreditvergabe, immer mehr Einzug. Gleichzeitig ist allerdings noch gar nicht geklärt, welche Unterscheidungskriterien überhaupt für Scoring-Verfahren herangezogen werden dürfen.

Zunehmende Konditionenvielfalt kennzeichnet Angebote

Die Konditionenvielfalt, die sich mittlerweile bei Bankprodukten herausgebildet hat, erinnert häufig an Handy-Tarife. Es gibt mehr Ausnahmen als Regeln und oft sind bestimmte günstige Angebote an Bedingungen geknüpft. So ist das Konto teilweise nur dann kostenlos, wenn es online geführt wird oder wenn dauerhaft ein bestimmter Betrag hinterlegt ist, manchmal muss eine Restschuldversicherung abgeschlossen werden, etc.. Der Laie verliert schnell den Überblick, und sogar Fachzeitschriften haben oft Schwierigkeiten, die Produkte miteinander zu vergleichen, weil viele Angebote speziell auf die jeweilige Kundensituation zugeschnitten werden.

Ein Charakteristikum sticht dabei aber immer deutlicher heraus: viele Banken gehen dazu über, den Kreditzins von der Bonität des Kunden abhängig zu machen. (3)

Bonitätsbeuteilung über Scoring-Verfahren

Die Bonität eines Kunden drückt aus, welche Erwartung die Bank an dessen zukünftiges Zahlungsverhalten hat, bzw. wie hoch sie sein Ausfallrisiko einschätzt. Zur Ermittlung der Bonität eines Kunden erfragt die Bank bestimmte individuelle Daten, z.B. die Höhe des Einkommens, wie lange das aktuelle Beschäftigungsverhältnis bereits andauert, den Familienstand, etc.. Diese Angaben werden anschließend einer bankinternen Bewertung unterzogen, einem sogenannten Scoring. Das ist ein mathematisch-statistisches Verfahren zur Einschätzung der Kreditwürdigkeit von Verbrauchern, bei dem die einzelnen Kriterien unterschiedlich gewichtet werden. Des Weiteren wird eine Anfrage bei der Schufa (Schutzgemeinschaft für allgemeine Kreditsicherung) getätigt. Die Schufa ist eine bankenunabhängige Organisation, die das Kreditverhalten und die Kredithistorie fast jedes Deutschen kennt und diese Information den Banken zur Verfügung stellt. Das Schufa-Scoring eines Kreditinteressenten fließt als bankexterne Information ebenfalls in das Gesamt-Scoring des Kunden mit ein. (1), (5)

Das Scoring-Ergebnis kann dabei bei verschiedenen Banken durchaus unterschiedlich ausfallen, obwohl die zu Grunde liegenden Fakten die Gleichen sind. Jede Bank hat mit ihren Schuldnern in der Vergangenheit unterschiedliche Erfahrungen gemacht. Diese Erfahrungen spiegeln sich in Statistiken nieder, die als Grundlage zur Bewertung von neuen Kunden dienen.

Probleme des Schufa-Scores: Zusammensetzung ist für Kunden intransparent und jede Kreditanfrage verschlechtert ihn

Das Scoring, das die Schufa aufgrund der ihr vorliegenden Daten erstellt, ist für die Kreditkunden nicht nachvollziehbar und wird von der Schufa auch nicht offen gelegt. Diese Intransparenz wird von Verbraucherschützern stark angeprangert. Obwohl bei der zuständigen Aufsichtsbehörde immer mehr Beschwerden eingehen, ist bisher allerdings noch nichts passiert. (11)

Von verschiedenen Fachzeitschriften wurde zudem bereits das Phänomen festgestellt, dass jede weitere Kreditanfrage den Schufa-Score verschlechtert. Dies ist eine Relikt aus Zeiten, in denen es noch keine bonitätsspezifischen Konditionen gab und sich Kunden daher noch kaum Vergleichsangebote unterschiedlicher Banken einholten. Damals konnten Kunden die Kreditkonditionen bereits im Schaufenster einer Bank erkennen. Kam ein Kredit nicht zustande oder wurde der Kredit von der Bank abgelehnt, meldete die Bank das Nichtzustandekommen des Kreditvertrages an die Schufa und der Score erhöhte sich automatisch.

Problematisch bei der derzeitigen Vorgehensweise: ohne genau zu wissen, aus welchem Grund ein Kreditvertrag nicht zustande kommt, wird dem Kreditsuchenden unterstellt, dass seine Bonität doch zumindest so zweifelhaft ist, dass er von der Bank als nicht kreditwürdig eingestuft wird. Folge: sein Schufa-Score verschlechtert sich.

Dieser Schluss ist heute allerdings meist nicht mehr zutreffend, denn zu Recht stellt der Kunde in der Regel Kreditanfragen bei mehreren Banken - zumal die Banken ihm häufig erst nach erfolgter Erhebung aller individuellen Daten, inklusive Abfrage des Schufa-Scores, überhaupt den Zinssatz mitteilen.

Da das Problem aber mittlerweile in der Presse stark präsent ist, ist davon auszugehen, dass die Schufa dieses Kriterium zukünftig nicht mehr in gewohnter Weise berücksichtigen wird. (1)

Auch andere Kundenkriterien umstritten

In die Berechnung des Scores fließen die Anzahl der Girokonten oder Handyverträge genauso ein wie laufende Kredite oder die Anzahl der Versandhandelskonten. Derzeit berücksichtigen viele Banken beispielsweise die Wohngegend als ein relativ stark gewichtetes Merkmal in ihrem Scoring. D.h. gibt ein Kreditsuchender eine als sozial schwach eingestufte Gegend als Wohnort an, so verschlechtert sich automatisch sein Scoring und damit verteuert sich für ihn der Kredit. Warum auch immer er seinen Wohnort in der Gegend gewählt hat. (11)

Die Schufa ist zudem nur einer von vielen Informationslieferanten. Einige Unternehmen verkaufen darüber hinaus Millionen von soziodemographischen Daten. Die Schober Information Group beispielsweise bietet Informationen über Kaufkraft, "soziale Schicht", Wohnsituation, Haushaltsgröße, Konsumschwerpunkte oder "Lifestyle-Daten". Als noch nicht endgültig geklärt gilt in dem Zusammenhang aber, inwiefern ein Scoring anhand bestimmter Kundenkriterien nicht sogar gesetzliche Diskriminierungsverbote verletzt.
Verbraucherschützer befürchten auf jeden Fall schon jetzt, dass dies erst der Anfang für eine diskriminierende Kreditvergabe sein könnte. Ob etwa Glaubensrichtung, oder ethnische Herkunft oder gar sexuelle Orientierung jemals in einem Scoring-Prozess erhoben und berücksichtigt werden dürfen, gilt auf jeden Fall als fraglich, selbst dann wenn diese Merkmale zuverlässige Hinweise auf das Zahlungsverhalten geben könnten. (8), (11)

Fazit: Bonitätsabhängige Kreditpreise können dem Schutz des Finanzsystems dienen, wenn sie für jeden nachvollziehbar sind

Ein wichtiger Baustein zur Verhinderung von Überschuldung ist die verantwortungsbewusste Kreditvergabe. Auch wenn es aus Sicht des Einzelnen Betroffenen nicht immer nachvollziehbar ist, warum sein Kredit teurer sein soll, als der eines Anderen, so stecken letztendlich Schutzinteressen hinter dieser Vorgehensweise. Es ist zum einen der Schutz des Kunden vor sich selbst: dadurch, dass der Kredit für Kunden geringerer Bonität verteuert wird, wird er unattraktiver und vielleicht gar nicht in Anspruch genommen - manchmal ist dies vielleicht die bessere Alternative. Zum anderen müssen sich auch die Banken schützen: hätten sie zu viele Kunden, die ausfallen, dann wäre irgendwann auch die wirtschaftliche Stabilität einer einzelnen Bank oder des gesamten Finanzsystems gefährdet. Nicht zuletzt deshalb fordern das Kreditwesengesetz, die Solvabilitätsverordnung und die Mindestanforderungen an das Risikomanagement, einen nachvollziehbaren Zusammenhang zwischen der Ausfallwahrscheinlichkeit des Schuldners und dem Kreditpreis. Was dazu führt, dass auch im

Bereich der Konsumentenkredite bonitätsabhängige Konditionen weiter zunehmen werden. (2)

Im Trend: Revolvierende Kreditkarten mit bonitätsbedingt unterschiedlichen Kreditrahmen

Die in Deutschland bisher meist üblichen Kreditkarten führen in der Regel zur Belastung des Girokontos und falls dies nicht ausreicht, zu einer Überziehung innerhalb eines vorher festgelegten Rahmens (Dispositionskredit). Diese Art Kreditkarte erfüllt also hauptsächlich Bequemlichkeitsaspekte, da der Kredit nicht erst beantragt werden muss, sondern direkt beim Kauf beansprucht werden kann. Eine "echte" Kreditkarte (auch "revolvierend" genannt) dagegen führt auch zu einem echten Kredit (mit eigenem Kreditrahmen), der im Nachhinein als Ratenkredit abgestottert wird. Während diese Art der Kreditkarte in Deutschland noch verhältnismäßig wenig verbreitet ist, ist es die vorherrschende Kreditkartenart in den USA.
Vor allem Tochtergesellschaften ausländischer Banken, wie beispielsweise ING Diba sehen in dieser Form der Kreditkarte den Startschuss für die Belebung des Konsumentenkreditgeschäftes. (4)

Da jede revolvierende Kreditkarte meist bonitätsbedingt einen eigenen Kreditrahmen mit sich bringt, wird auch verständlich wieso Amerikaner im Schnitt fast zehn Kreditkarten haben: sie bezahlen oft die Schulden auf der einen Karte durch den Kreditrahmen der nächsten Karte. Vor solchen Zuständen, und damit vor der Gefahr der Überschuldung haben deutsche Verbraucherschützer allerdings Angst - und das nicht zu Unrecht: wie die Statistik zeigt nimmt die Anzahl der Verbraucherinsolvenzen schon jetzt bereits zu. Sie mahnen immer wieder dazu, sich genauestens mit der Funktionsweise der Karten vertraut zu machen und sich der Konsequenzen des Missbrauchs bewusst zu werden.

Fallbeispiele

Norisbank will Kunden und Verbraucherschützer durch aktive Kommunikation überzeugen

Die Norisbank vertreibt ihr Erfolgsprodukt, den Easy Credit (bonitätsabhängiger Konsumentenkredit) hauptsächlich über Filialen von Volks- und Raiffeisenbanken. Der von den Verbraucherschützer geäußerten Kritik, wie z.B. dass den Kunden oft unnötiger Weise eine Restschuldversicherung aufgedrängt werde, oder dass die Überforderung der tatsächlichen Kreditdienstfähigkeit des Kunden bewusst provoziert werde, wird durch die starke Kommunikationspolitik begegnet. Durch verschiedene Maßnahmen im Kreditberatungsprozess, z. B. durch einen freiwilligen Kredit-Check, wird dem potentiellen Kunden seine eigene finanzielle Tragfähigkeit bewusst gemacht, bevor es zu einem Kreditvertrag kommt. (9)

Sparda-Banken setzten auf bonitätsabhängigen Konsumentenkredit

Auf den Konsumentenkredit als Wachstumssegment setzten auch die Sparda-Banken. Diese zählen genau wie die Volks- und Raiffeisenbanken zum genossenschaftlichen Kreditsektor. Bisher betreiben die Sparda-Banken fast ausschließlich Baufinanzierungen. Mit einem Produkt, das dem, von den Volks- und Raiffeisenbanken vertriebenen "Easy Credit", auffällig ähnlich ist, sowohl was die Konditionengestaltung (der Kreditzins ist bonitätsabhängig) als auch vom Marktauftritt angeht, wollen die Sparda-Banken nun bis zu 20 Prozent des Kreditvolumens als Konsumentenkredite vergeben. (7)

Zahlen & Fakten

Tabelle 1: Konditionen für Konsumentenkredite im Vergleich (Stand: Februar 2006)

Bank	Konditionen gelten ab: (Euro)	Effektivzins bei Laufzeit in Monaten			bonitäts- abhängig
		36	48	60	
CC-Bank	1 500	7,90	7,90	7,90	ja
Citibank	1 500	6,67	12,19	11,87	ja
DKB Deutsche Kreditbank	5 000	5,50	5,50	5,50	nein
GE Money Bank	10 000	7,90	7,90	7,90	ja
ING-DiBa	10 000	6,11	6,11	6,11	nein
norisbank	1 000	5,60	5,60	5,60	ja
Postbank	10 000	7,99	7,99	7,99	nein

Quelle: www.biallo.de

Entnommen aus: Süddeutsche Zeitung, 15.02.06 (10)

+Tabelle 2: Zahl der Verbaucherinsolvenzverfahren 2000 - 2005

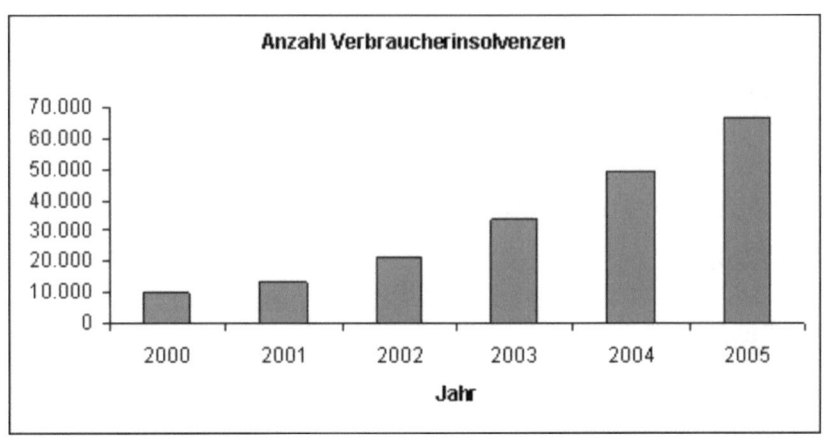

Quelle: Creditreform

Entnommen aus: Bank und Markt, Heft 3, März 2006, S. 34 (6)

Weiterführende Literatur

(1) Bei der Kreditvergabe sind nicht alle gleich
Geringe Bonität beschert dem Antragssteller höhere Zinsen - Direktbanken haben oft die günstigsten Angebote
aus DIE WELT, 06.03.2006, Nr. 55, S. 17

(2) Die Umsetzung von Basel II in deutsches Recht
aus Zeitschrift für das gesamte Kreditwesen 07 vom 01.04.2006 Seite 329

(3) Hausbanken - was sie bieten, was sie kosten
Konten, Sparzinsen, Kredite: Der stern hat Preise und Leistungen von 20 Banken und Sparkassen verglichen. Die Postbank schneidet am besten ab - doch die Güte eines Geldinstituts hängt vor allem vom Bedarf des Kunden ab
aus STERN Nr. 15

(4) Banken entdecken die "echte" Kreditkarte
Ratenzahlung statt Dispo: ING Diba führt neues Instrument für Kunden ein / Bisher in Deutschland wenig bekannt / Verbraucherschützer warnen vor Schuldenspirale
aus Frankfurter Rundschau v. 03.03.2006, S.13

(5) Schufa: vom Einzelinteresse zur gesellschaftlichen Verantwortung
aus Bank und Markt 03 vom 01.03.2006 Seite 037

(6) D, International: Verbraucherinsolvenzverfahren 2000 - 2005
aus Bank und Markt, Heft 3, März 2006, S. 34

(7) "Durch aktives Verkaufen bekommen wir eher bessere Bonitäten"
aus Bank und Markt 03 vom 01.03.2006 Seite 014

(8) Kredit-Scoring verstößt gegen Verbraucherrechte
aus Frankfurter Allgemeine Zeitung, 28.02.2006, Nr. 50, S. 21

(9) Sparda-Banken Verbundärger mit dem

Konsumentenkredit
aus Bank und Markt 03 vom 01.03.2006 Seite 008

(10) Günstige Zinssätze oft nur in der Werbung
aus Süddeutsche Zeitung, 15.02.2006, Ausgabe Deutschland, S. 28

(11) Wenn Kredite verweigert werden - und der Bürger nicht weiß, warum
aus Frankfurter Allgemeine Zeitung, 13.02.2006, Nr. 37, S. 5

Impressum

Konsumentenkredite - Gibt es sie bald nur noch zu bonitätsabhängigen Konditionen?

Bibliografische Information der deutschen Nationalbibliothek

Die Deutsche Nationalbibliothek verzeichnet diese Publikation in der deutschen Nationalbibliografie; detaillierte bibliografische Daten sind im Internet über http://dnb.d-nb.de abrufbar.

ISBN: 978-3-7379-2051-3

© 2015 GBI-Genios Deutsche Wirtschaftsdatenbank GmbH, Freischützstraße 96, 81927 München, www.genios.de

Alle Rechte vorbehalten. Dieses Werk ist einschließlich aller seiner Teile – z.B. Texte, Tabellen und Grafiken - urheberrechtlich geschützt. Jede Verwertung außerhalb der Grenzen des Urheberrechtsgesetzes bedarf der vorherigen Zustimmung des Verlags. Dies gilt insbesondere auch für auszugsweise Nachdrucke, fotomechanische

Vervielfältigungen (Fotokopie/Mikroskopie), Übersetzungen, Auswertungen durch Datenbanken oder ähnliche Einrichtungen und die Einspeicherung und Verarbeitung in elektronischen Systemen.